Impressum
Verlag: BABADADA GmbH, Nedderfeld 112 , 22529 Hamburg
Geschäftsführer / Verlagsleitung: Harald Hof
Druck: Books on Demand GmbH, In de Tarpen 42, 22848 Norderstedt

Imprint
Publisher: BABADADA GmbH, Nedderfeld 112 , 22529 Hamburg, Germany
Managing Director / Publishing direction: Harald Hof
Print: Books on Demand GmbH, In de Tarpen 42, 22848 Norderstedt

school

sekolahan

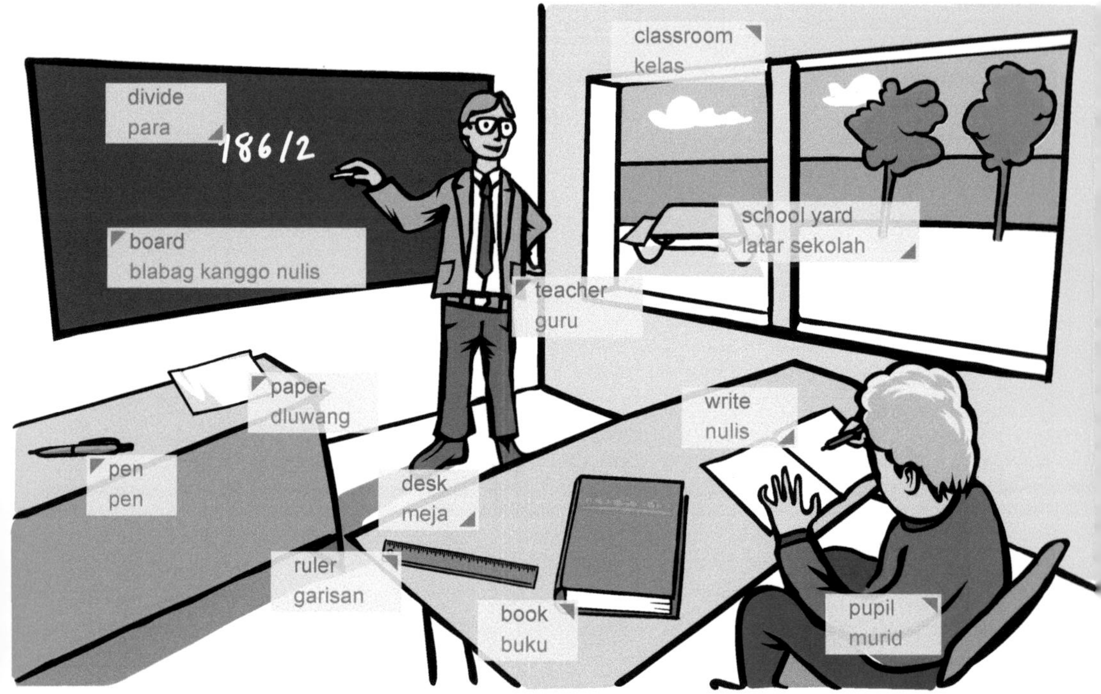

classroom
kelas
divide
para
186/2
board
blablag kanggo nulis
school yard
latar sekolah
teacher
guru
paper
dluwang
write
nulis
pen
pen
desk
meja
ruler
garisan
book
buku
pupil
murid

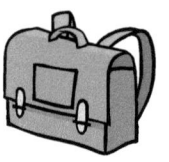

satchel

tas sekolah

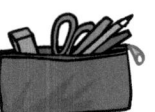

pencil case

tepak potlot

pencil

potlot

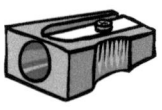

pencil sharpener

orotan potlot

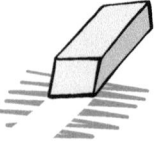

rubber

setip

drawing pad

lemek nggambar

drawing

gambar

paintbrush

kuwas

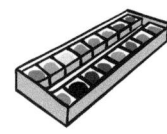

paint box

tepak cat nggambar

scissors

gunting

glue

lem

exercise book

buku latihan soal

homework

pakaryan omah

number

angka

add

tambah

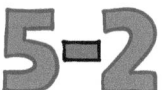

subtract

suda

multiply

ping

calculate

itung

letter

aksara

alphabet

abjad

word

tembung

text
....
teks

read
....
maca

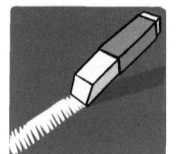

chalk
....
kapur

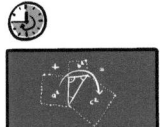

lesson
....
wulangan

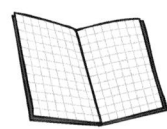

register
....
dhaptar

examination
....
ujian

certificate
....
sertipikat

school uniform
....
sragam sekolah

education
....
pendhidhikan

encyclopedia
....
ensiklopedia

university
....
universitas

microscope
....
mikroskop

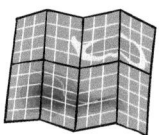

map
....
peta

waste-paper basket
....
kranjang larahan

hotel
hotel

Grand

hostel
hostel

ROOMS

EXCHANGE

ency exchange office
tor pertukaran duit mancanegara

car
mobil

language

basa

yes / no

iya / ora

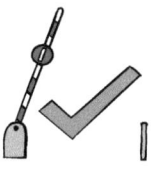

Okay

oke

hello

halo

translator

juru basa

Thank you

matur nuwun

how much is...?

Piro regane ...?

I don´t get it

aku ora ngerti

problem

masalah

Good evening!

Sugeng dalu!

Good morning!

Sugeng enjang

Good night!

Sugeng dalu!

goodbye

pareng

direction

arah

luggage

koper

bag

tas

backpack

ransel

guest

tamu

room

kamar

sleeping bag

kantong turu

tent

tenda

travel - perjalanan

tourist information

informasi turis

beach

pantai

credit card

kertu kredit

breakfast

sarapan

lunch

mangan awan

dinner

mangan ing wayah bengi

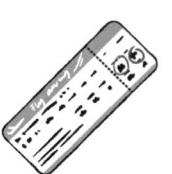

Ticket

tiket

elevator

lift

stamp

perangko

border

watesan

customs

cukai

embassy

kedutaan

visa

visa

passport

paspor

transport
angkutan

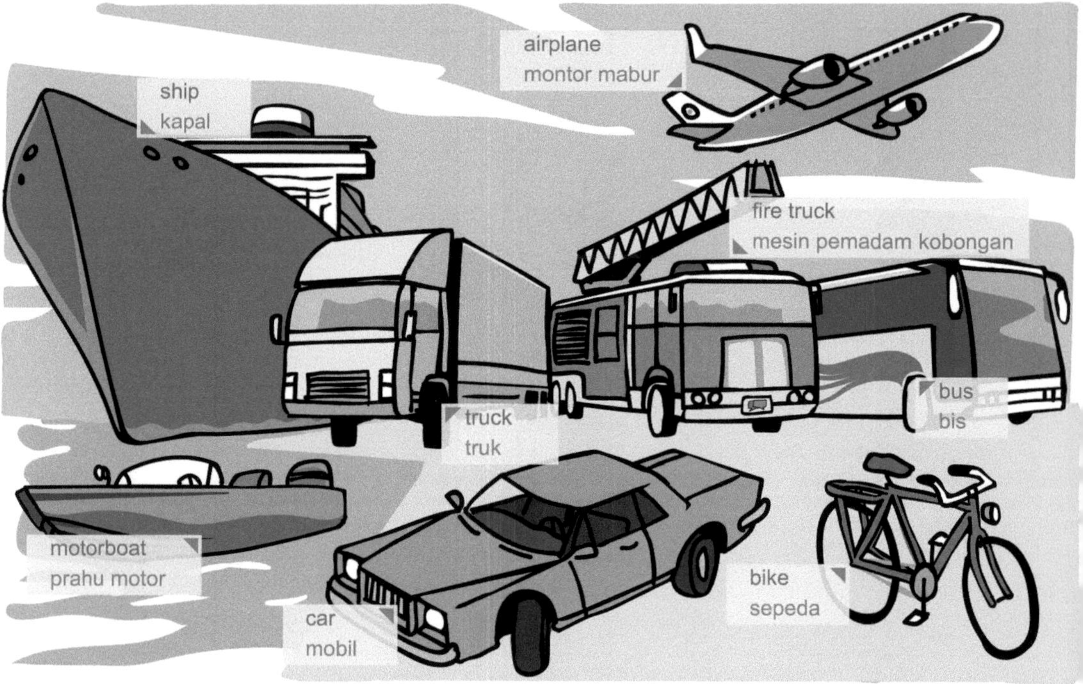
airplane
montor mabur
ship
kapal
fire truck
mesin pemadam kobongan
truck
truk
bus
bis
motorboat
prahu motor
car
mobil
bike
sepeda

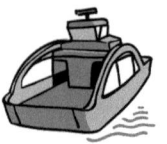

ferry

feri

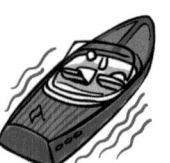

boat

perahu

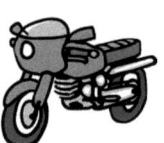

motorbike

sepeda motor

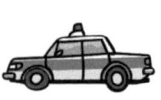

police car

mobil polisi

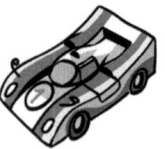

racing car

mobil balapan

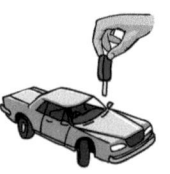

rental car

mobil sewa

car sharing

sewa mobil

tow truck

truk derek

garbage truck

truk resek

engine

motor

fuel

bensin

fuel station

pom bensin

traffic sign

tanda dalan

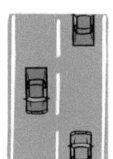

traffic

lalu lintas

traffic jam

macet

parking lot

parkir mobil

train station

stasiun sepur

tracks

ril sepur

train

sepur

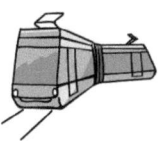

tram

tram

wagon

grobak

helicopter

helikopter

airport

lapangan montor mabur

tower

menara

passenger

penumpang

container

kontener

carton

kerdhus

cart

troli

basket

kranjang

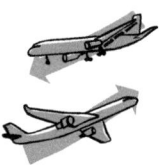

take off / land

mabur / ndarat

city

kutha

village

desa

city center

tengah kutha

house

omah

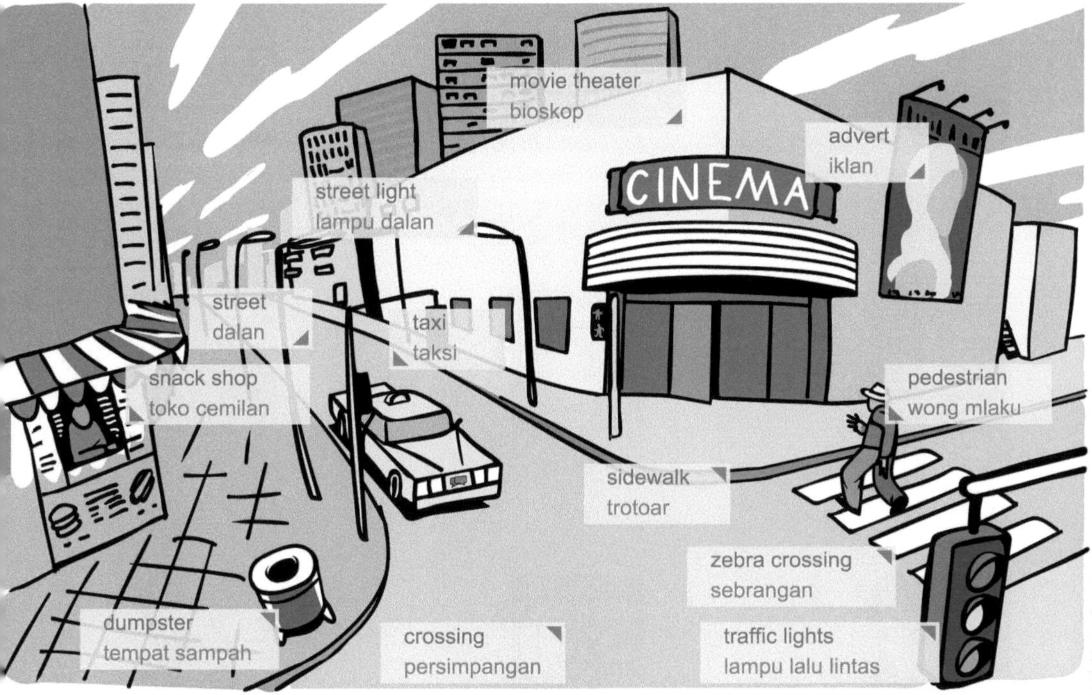

movie theater
bioskop

advert
iklan

street light
lampu dalan

CINEMA

street
dalan

taxi
taksi

snack shop
toko cemilan

pedestrian
wong mlaku

sidewalk
trotoar

zebra crossing
sebrangan

dumpster
tempat sampah

crossing
persimpangan

traffic lights
lampu lalu lintas

hut

gubuk

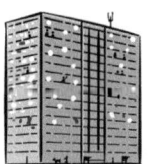

apartment

apartemen

train station

stasiun sepur

city hall

bale kutha

museum

museum

school

sekolahan

university

universitas

bank

bank

hospital

griya sakit

hotel

hotel

pharmacy

apotek

office

kantor

book shop

toko buku

shop

toko

flower shop

toko kembang

supermarket

supermarket

market

pasar

department store

toko sarwa ana

fishmonger's shop

toko iwak

mall

mal

harbor

pelabuhan

park

taman

bench

bangku

bridge

tretek

stairs

andha

subway

metro

tunnel

trowongan

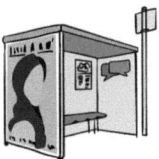

bus stop

halte bis

bar

bar

restaurant

restoran

postbox

kotak surat

street sign

pratandha dalan

parking meter

meteran parkir

zoo

kebon kewan

swimming pool

kolam renang

mosque

masjid

farm

kebon

pollution

polusi

cemetery

kuburan

church

greja

playground

panggon dolanan

temple

candi

landscape

lanskap

signpost
plang

path
dalan

meadow
beran

stone
watu

tree
uwit

hiker
wong munggah

river
kali

grass
suket

flower
kembang

valley

lembah

hill

bukit

lake

tlogo

forest

alas

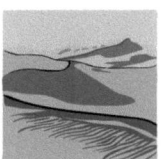

desert

ara-ara

volcano

gunung geni

castle

keraton

rainbow

kluwung

mushroom

jamur

palm tree

uwit palem

mosquito

lemut

fly

laler

ant

semut

bee

tawon

spider

angga-angga

beetle

kumbang

frog

kodok

squirrel

bajing

hedgehog

landhak

hare

truwelu

owl

manuk dares

bird

manut

swan

banyak

boar

celeng

deer

kidang

moose

menjangan

dam

bendungan

wind turbine

turbin angin

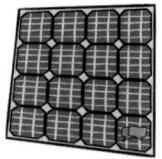

solar panel

panel srengenge

climate

iklim

restaurant

restoran

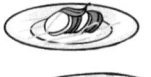

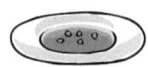

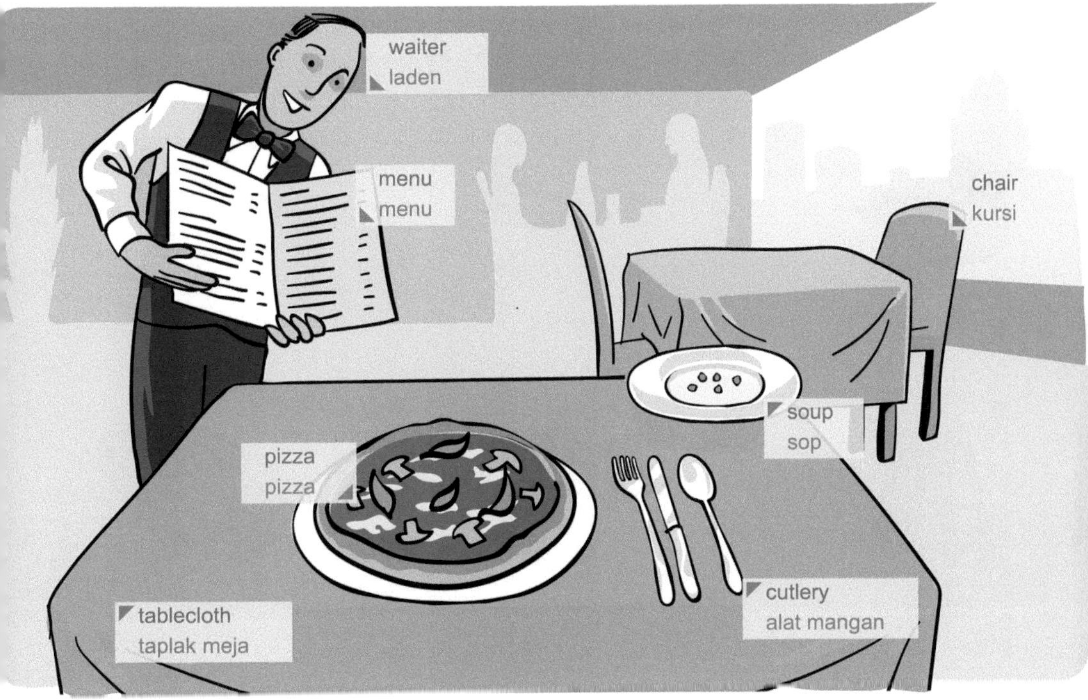

waiter
laden
menu
menu
chair
kursi
soup
sop
pizza
pizza
cutlery
alat mangan
tablecloth
taplak meja

starter
hidangan pambuka

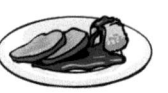

main course
menu utama

dessert
hidangan penutup

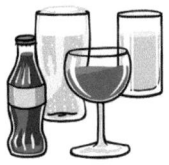

drinks
ombenan

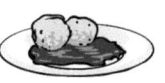

food
panganan

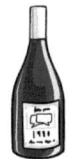

bottle
gendul

fast food

panganan instan

street food

jajan cemilan

teapot

ceret teh

sugar bowl

kaleng gula

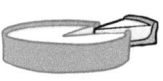

portion

porsi

espresso machine

mesin espresso

high chair

kursi duwur

bill

tagihan

tray

baki

knife

lading

fork

sendok garpu

spoon

sendok

teaspoon

sendok teh

serviette

serbet

glass

gelas

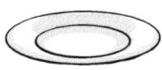

plate

piring

soup plate

piring sop

saucer

lepek

sauce

duduh

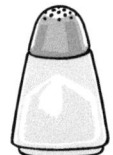

salt shaker

gendul uyah

pepper mill

bubuk mrico

vinegar

cuka

oil

lenga

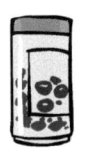

spices

bumbon

ketchup

saos tomat

mustard

mustar

mayonnaise

mayones

supermarket
supermarket

special offer
tawaran khusus
FOR
customer
langganan
dairy products
produk saka susu
fruit
woh-wohan
shopping cart
troli

BUTCHERS

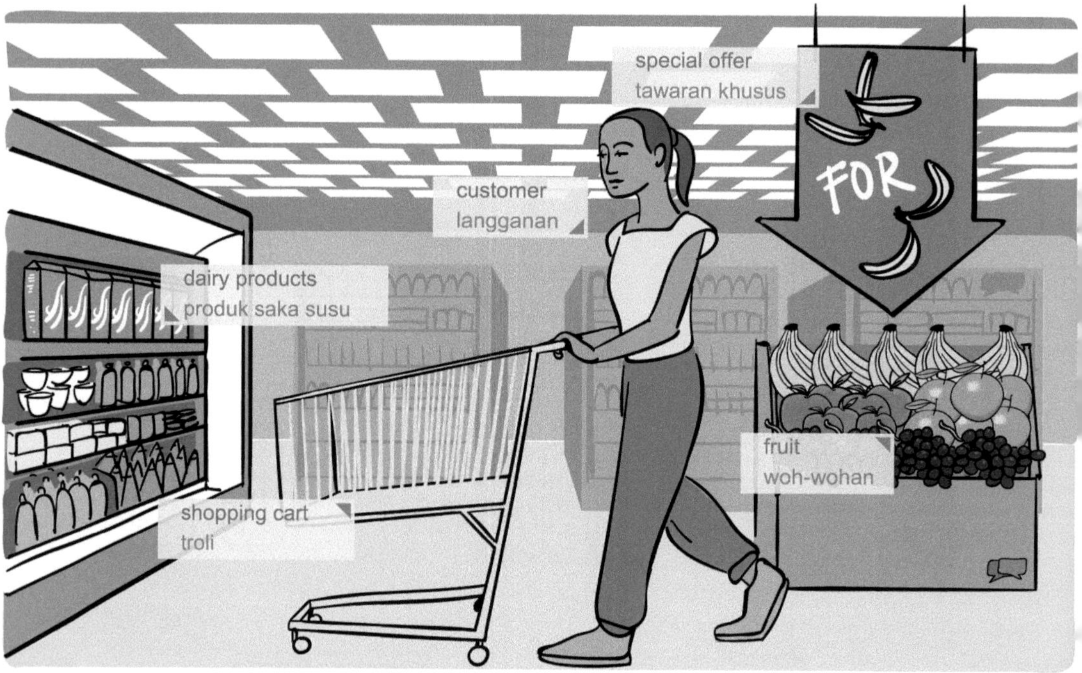

butcher's shop

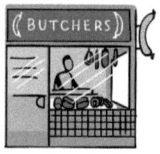

toko daging

BAKERY

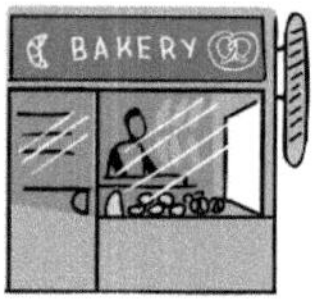

bakery

toko roti

weigh

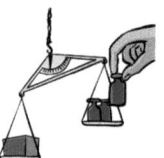

nimbang

vegetables

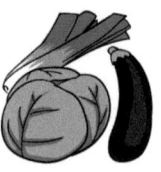

janganan

meat

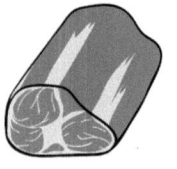

daging panggang

frozen food

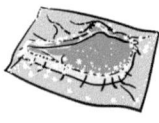

panganan beku

cold cuts

irisan daging

canned food

panganan kaleng

detergent

deterjen

candy

permen

household products

produk reresik omah

cleaning products

produk reresik

sales representative

bakul

cash register

mesin kasir

cashier

kasir

shopping list

daftar blanja

opening hours

jam buka

wallet

dompet

credit card

kertu kredit

bag

tas

plastic bag

tas kresek

water

banyu

juice

jus

milk

susu

coke

ombenan kanthi karbon

wine

anggur

beer

bir

alcohol

alkohol

cocoa

coklat

tea

teh

coffee

kopi

espresso

espresso

cappuccino

cappuccino

banana

gedhang

apple

apel

orange

jeruk

melon

semangka

lemon

jeruk lemon

carrot

wortel

garlic

bawang

bamboo

pring

onion

bawang

mushroom

jamur

nuts

kacang

noodles

bakmi

spaghetti

spageti

rice

sego

salad

salad

fries

kentang goreng

fried potatoes

kentang goreng

pizza

pizza

hamburger

hamburger

sandwich

roti isi

escalope

daging irisan

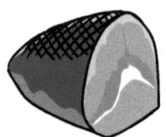

ham

daging ham

salami

salami

sausage

sosis

chicken

pitik

roast

daging panggang

fish

iwak

porridge oats
bubur gandum

muesli
muesli

cornflakes
sereal jagung

flour
glepung

croissant
croissant

bread roll
roti

bread
roti

toast
roti panggang

cookies
biskuit

butter
mertega

curd
dadih

cake
kue

egg
endog

fried egg
endog goreng

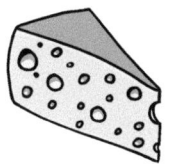

cheese
keju

ice cream

es krim

sugar

gula

honey

madu

jelly

sele

nougat cream

krim nugat

curry

kare

farm

kebon

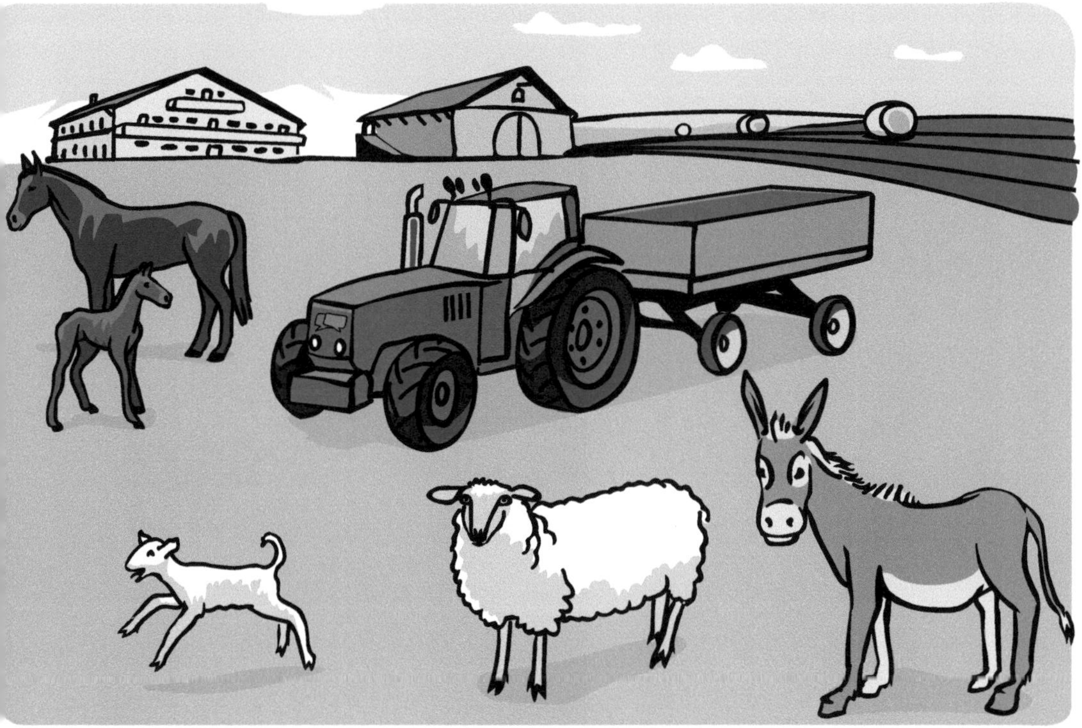

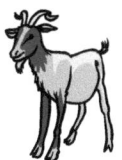

goat

wedhus

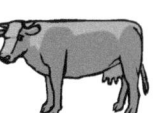

cow

sapi

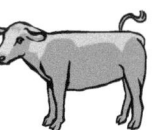

calf

pedhet

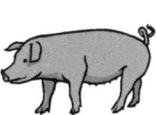

pig

babi

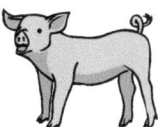

piglet

gambluk

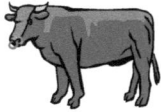

bull

kebo

goose

banyak

duck

bebek

chick

kuthuk

hen

babon

cockerel

jago

rat

tikus

cat

kucing

mouse

tikus

ox

sapi

dog

asu

dog house

kandang asu

garden hose

selang

watering can

gembor

scythe

arit gede

plow

waluku

sickle

arit gede

hoe

pacul

pitchfork

garu

axe

kapak

pushcart

grobak surung

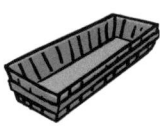

trough

wadah pakan

milk can

kaleng susu

sack

karung

fence

pager

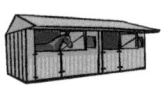

stable

kandang

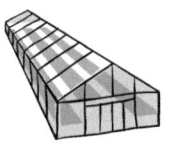

greenhouse

omah kaca

soil

lemah

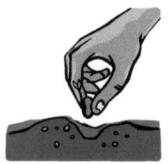

seed

wiji

fertilizer

rabuk

combine harvester

traktor panen

harvest

manen

harvest

panen

yams

ubi

wheat

gandum

soya

kedelai

potato

kentang

corn

jagung

rapeseed

lobak

fruit tree

wit woh-wohan

manioc

telo

grain

sereal

house
omah

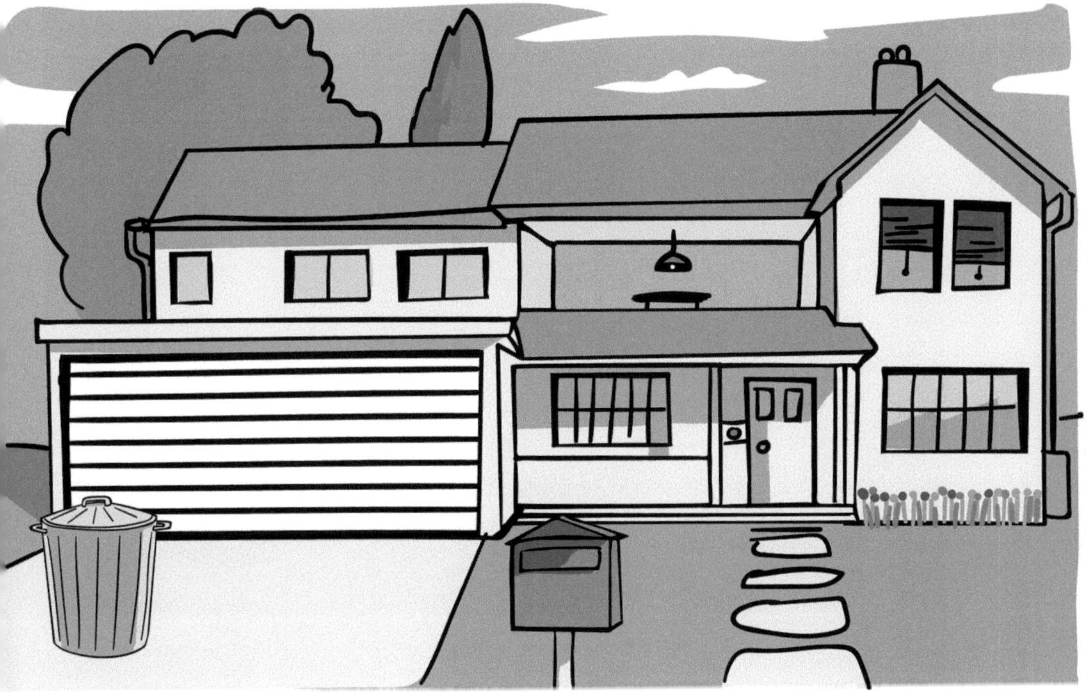

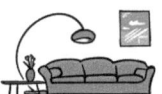

living room
....
ruang tamu

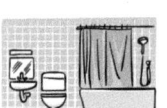

bathroom
....
jedhing

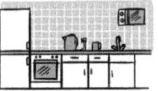

kitchen
....
pawon

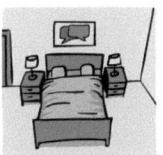

bedroom
....
kamar turu

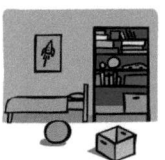

kids room
....
kamar anak

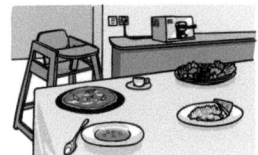

dining room
....
kamar panedhaan

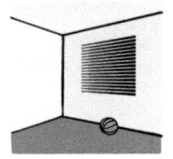

floor

jobin

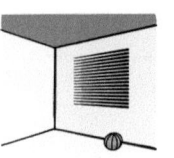

wall

tembok

ceiling

pyan

cellar

gudhang ing njero lemah

sauna

sauna

balcony

balkon

terrace

teras

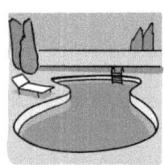

pool

blumbang kanggo nglangi

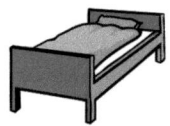

lawn mower

mesin kanggo motong suket

sheet

lembaran

bedspread

sprei

bed

dipan

broom

sapu

bucket

ember

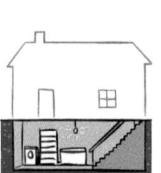

switch

tombol

living room
ruang tamu

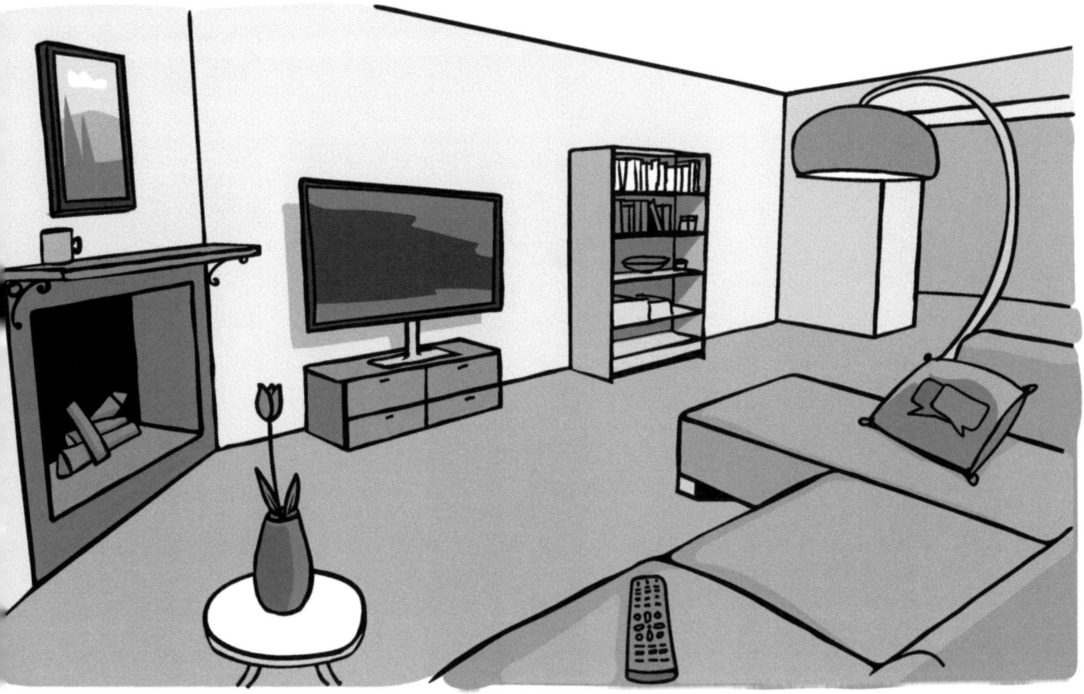

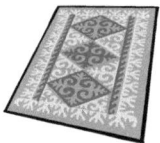

carpet
karpet

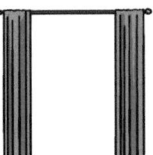

drape
korden

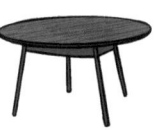

table
meja

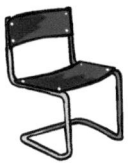

chair
kursi

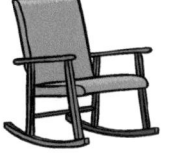

rocking chair
kursi goyang

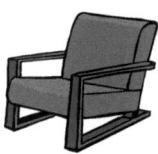

armchair
kursi tangan

book

buku

blanket

selimut

decoration

dekorasi

firewood

kayu bakar

film

film

stereo system

hi-fi

key

kunci

newspaper

koran

painting

lukisan

poster

poster

radio

radio

notebook

buku catetan

vacuum cleaner

penyedot lebut

cactus

kaktus

candle

lilin

living room - ruang tamu

kitchen
pawon

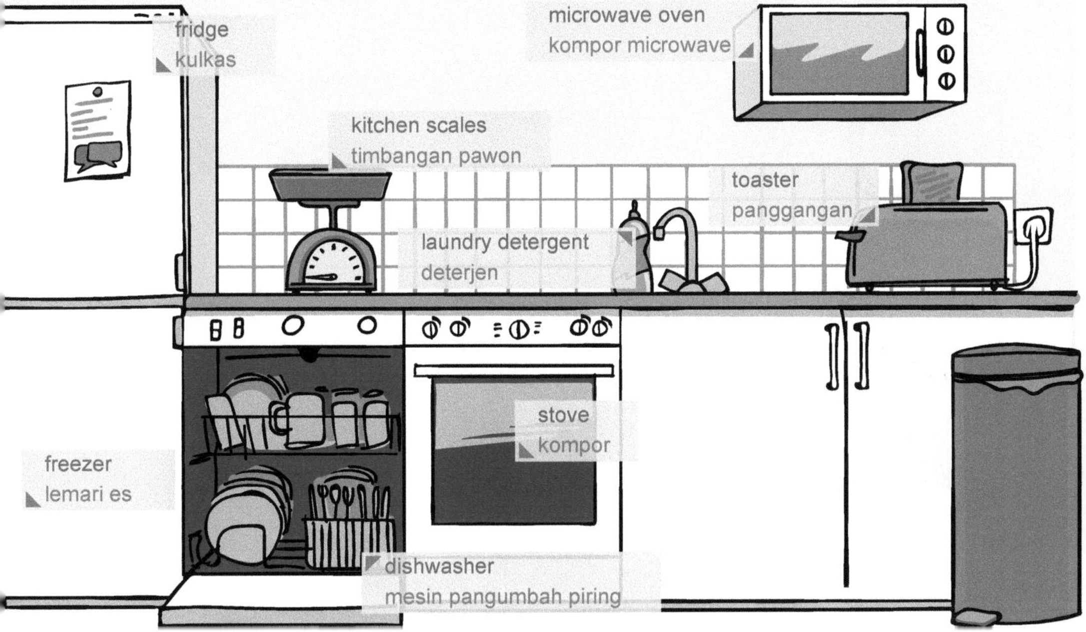

fridge
kulkas
microwave oven
kompor microwave
kitchen scales
timbangan pawon
toaster
panggangan
laundry detergent
deterjen
stove
kompor
freezer
lemari es
dishwasher
mesin pangumbah piring

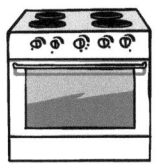

cooker

kompor

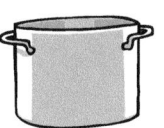

pot

panci

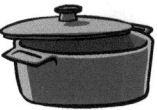

cast-iron pot

panci wesi

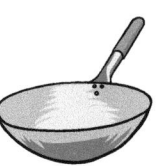

wok / kadai

wajan

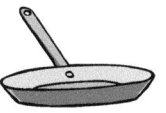

pan

wajan

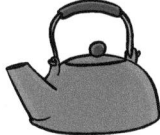

kettle

ceret

steamer

kukusan

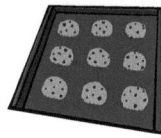

baking tray

loyang

crockery

pecah belah

mug

mug

bowl

mangkok

chopsticks

sumpit

ladle

irus

spatula

solet

whisk

udeg

strainer

ayakan

sieve

saringan

grater

parutan

mortar

lumpang

barbecue

panggangan

fireplace

geni

chopping board

telenan

rolling pin

gilingan adonan

corkscrew

kotrek

can

kaleng

can opener

bukaan kaleng

oven cloth

cempal

sink

wastafel

brush

sikat

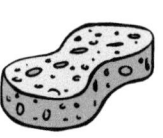

sponge

sepon

blender

blender

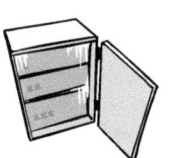

deep freezer

kulkas

baby bottle

gendul bayi

tap

kran

bathroom

jedhing

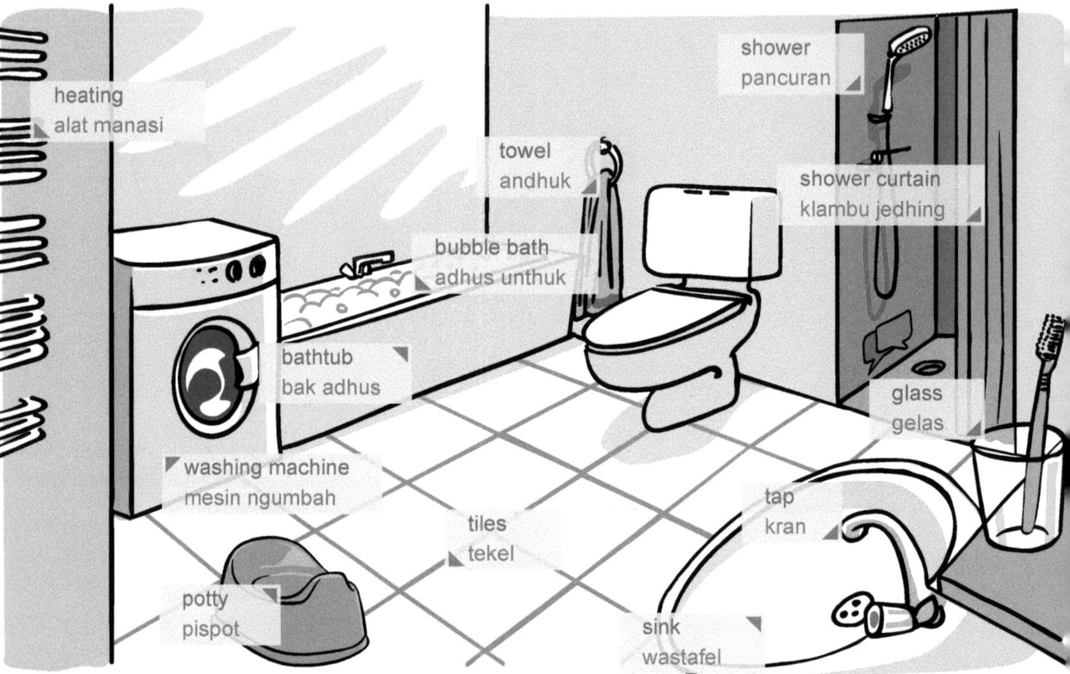

heating
alat manasi
shower
pancuran
towel
andhuk
shower curtain
klambu jedhing
bubble bath
adhus unthuk
bathtub
bak adhus
glass
gelas
washing machine
mesin ngumbah
tap
kran
tiles
tekel
potty
pispot
sink
wastafel

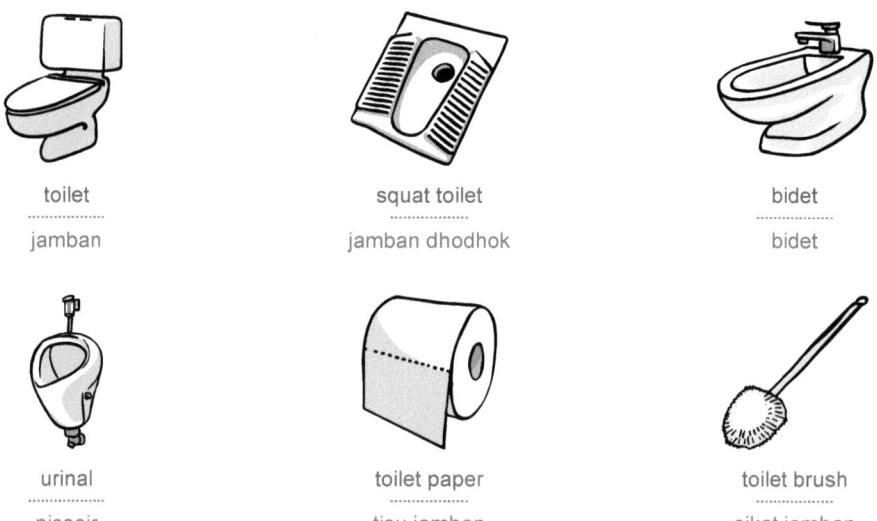

toilet

jamban

squat toilet

jamban dhodhok

bidet

bidet

urinal

pissoir

toilet paper

tisu jamban

toilet brush

sikat jamban

toothbrush

sikat untu

toothpaste

odol

dental floss

bolah untu

wash

ngumbahi

hand shower

gagang shower

douche

pancuran

basin

baskom

back brush

sikat geger

soap

sabun

shower gel

gel pancuran

shampoo

sampo

flannel

hem

drain

nguras

creme

krim

deodorant

deodoran

mirror

pangilon

hand mirror

koco tangan

razor

silet

shaving foam

umpluk cukur

aftershave

aftershave

comb

jungkat

brush

sikat untu

hair-dryer

hairdryer

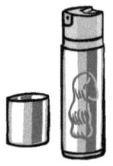

hairspray

hairspray

makeup

dandanan

lipstick

gincu

nail varnish

kuteks

cotton wool

kapas

nail scissors

gunting kuku

perfume

parfum

washbag

kantong adhus

stool

dingklik

weighing scales

timbangan

bathrobe

jubah kanggo sawise adhus

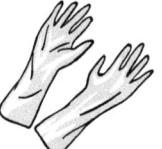

rubber gloves

sarung karet

tampon

tampon

sanitary towel

pembalut

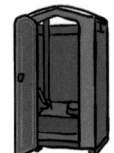

chemical toilet

jamban nganggo bahan kimia

kids room
kamar anak

alarm clock
alarm jam
cuddly toy
dolanan empuk
toy car
mobil-mobilan
rattle
kumretek
doll's house
omah boneka
present
hadiah

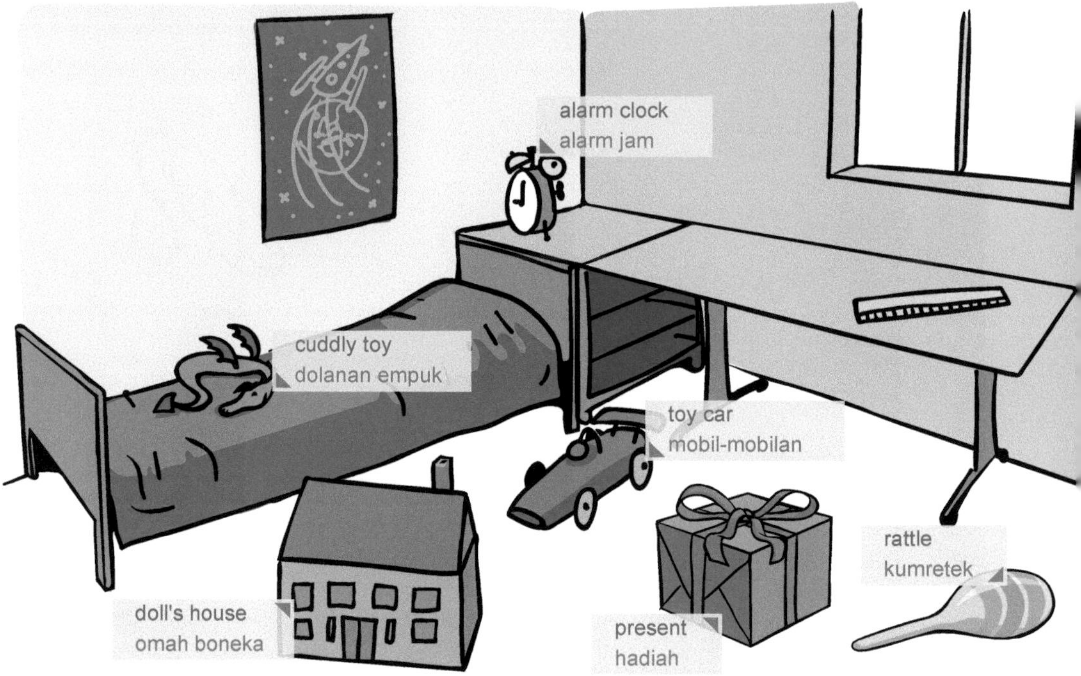

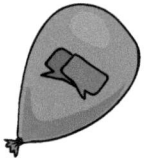

balloon
balon

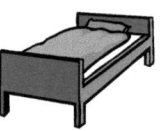

bed
dipan

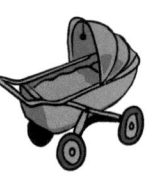

stroller
kreto bayi

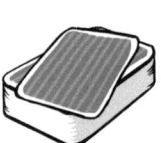

deck of cards
meja kertu

jigsaw
teka-teki

SUPER
MEGA
comic
komik

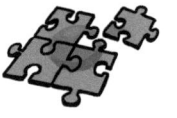

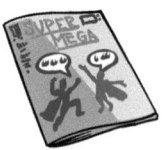

lego bricks

bata lego

toy blocks

balok dolanan

action figure

boneka aksi

romper suit

klambi bayi

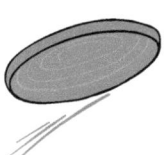

frisbee

frisbee

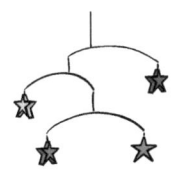

mobile

dolanan gantungan

board game

dolanan meja

dice

dadu

model train set

sepur dolanan

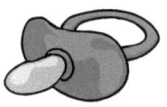

pacifier

dot

party

pesta

picture book

buku gambar

ball

bal

doll

boneka

play

dolanan

sandpit

panggon dolanan pasir

swing

ayunan

toys

dolanan

video game console

konsol video game

tricycle

sepeda roda telu

teddy bear

beruang teddy

wardrobe

lemari sandhangan

clothing

klambi

socks

kaos kaki

stockings

stoking

tights

kathok singset

scarf
slendang

umbrella
payung

t-shirt
kaos oblong

belt
sabuk

sneakers
sepatu kets

boots
sepatu bot

slippers
slop

sandals
sandal

shoes
sepatu

rubber boots
sepatu bot karet

underwear
sempak

bra
kutang

undershirt
rompi

clothing - klambi

body
awak

pants
kathok

jeans
kathok jins

skirt
rok

blouse
blus

shirt
klambi

pullover
jaket nganggo kudung

sweater
sweter

blazer
blezer

jacket
jaket

coat
mantel

raincoat
jas udan

costume
kostum

dress
gaun

wedding dress
gaun manten

suit

setelan

nightgown

klambi kanggo turu

pajamas

piyama

sari

kain sari

headscarf

kudung

turban

serban

burka

cadar

kaftan

kaftan

abaya

abaya

swimsuit

klambi kanggo nglangi

trunks

kathok renang

shorts

kathok cekak

tracksuit

klambi trening

apron

celemek

gloves

sarung tangan

button

benik

glasses

kacamata

bracelet

gelang

necklace

kalung

ring

ali-ali

earring

anting-anting

cap

peci

coat hanger

gantungan mantel

hat

topi

tie

dasi

zip

slerekan

helmet

helem

braces

bretel

school uniform

sragam sekolah

uniform

sragam

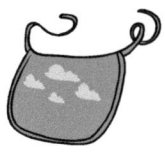

bib

oto

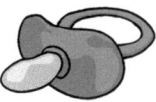

pacifier

dot

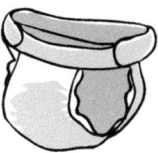

diaper

popok

office
kantor

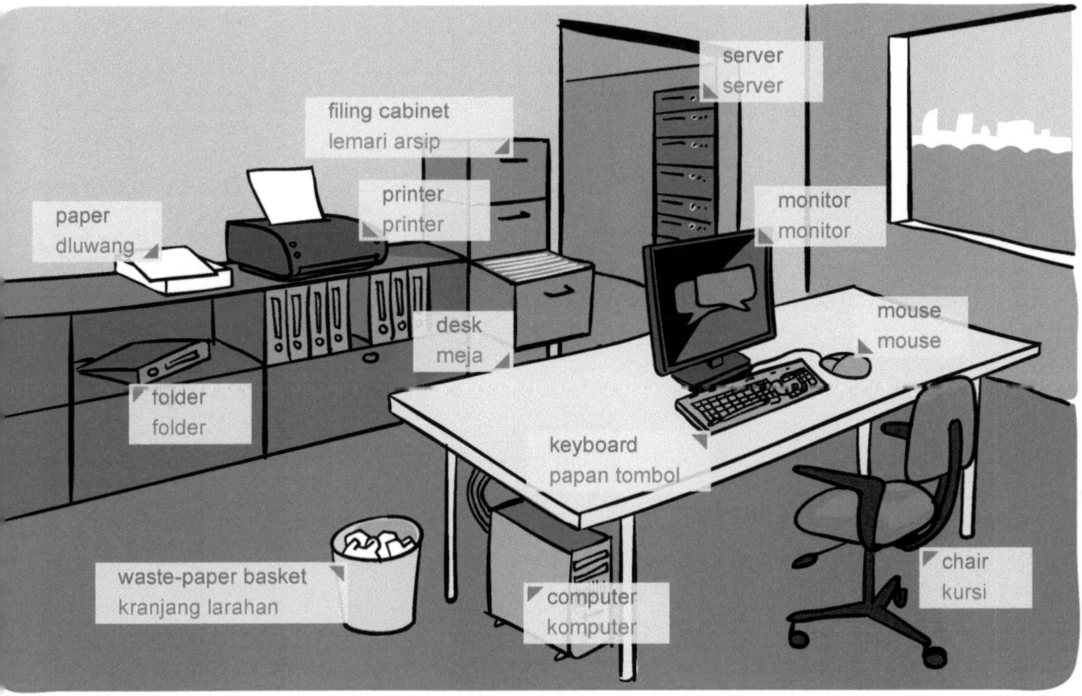

server
server
filing cabinet
lemari arsip
printer
printer
paper
dluwang
monitor
monitor
mouse
mouse
desk
meja
folder
folder
keyboard
papan tombol
waste-paper basket
kranjang larahan
chair
kursi
computer
komputer

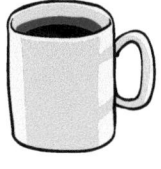

coffee mug

cangkir kopi

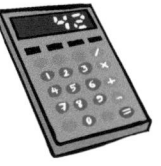

calculator

kalkulator

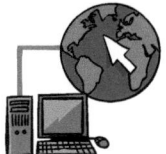

internet

internet

laptop
laptop

letter
surat

message
pesen

cell phone
HP

network
jaringan

photocopier
mesin fotokopi

software
software

telephone
telpon

plug socket
colokan

fax machine
mesin faksimili

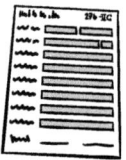

form
blangko

document
dokumen

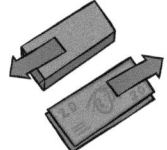

buy

tuku

pay

mbayar

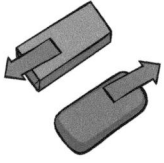

trade

bebakulan

money

duit

dollar

dolar

euro

euro

yen

yen

rouble

rubel

Swiss franc

franc Swiss

renminbi yuan

yuan renminbi

rupee

rupe

cash point

cash point

currency exchange office

kantor pertukaran duit
mancanegara

gold

emas

silver

perak

oil

minyak

energy

energi

price

rego

contract

kontrak

tax

pajek

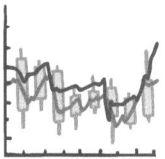

stock

saham

work

kerjo

employee

pegawe

employer

juragan

factory

pabrik

shop

toko

police officer
perwira polisi

fireman
petugas kobongan

cook
tukang masak

doctor
dokter

pilot
pilot

gardener

tukang kebon

carpenter

tukang kayu

seamstress

tukang jahit

judge

hakim

chemist

ahli kimia

actor

aktor

bus driver

sopir bis

taxi driver

sopir taksi

fisherman

nelayan

cleaning lady

tukang reresik

roofer

tukang pasang gendheng

waiter

laden

hunter

pamburu

painter

pelukis

baker

tukang roti

electrician

tukang listrik

builder

tukang mbangun

engineer

insinyur

butcher

jagal

plumber

tukang ledeng

postman

tukang pos

soldier

tentara

architect

arsitek

cashier

kasir

florist

bakul kembang

hairdresser

juru rambut

conductor

kondektur

mechanic

mekanik

captain

kapten

dentist

dokter untu

scientist

ilmuwan

rabbi

rabbi

imam

imam

monk

biksu

pastor

pandhita

tools

alat

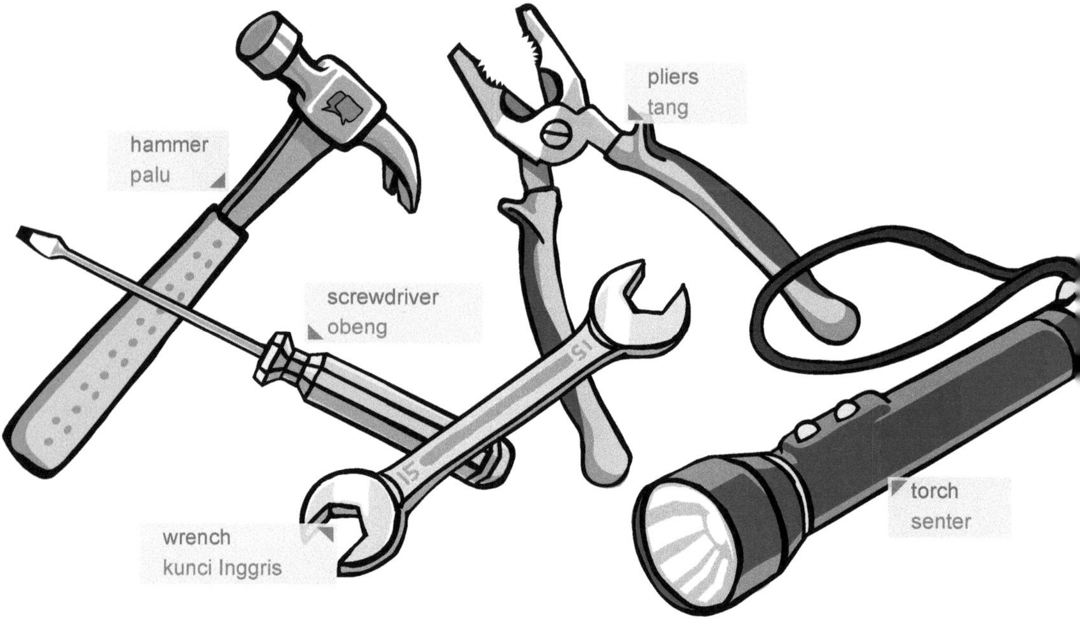
hammer
palu
pliers
tang
screwdriver
obeng
wrench
kunci Inggris
torch
senter

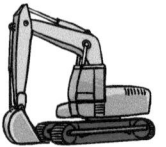

excavator

mesin kerukan

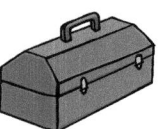

toolbox

wadah perkakas

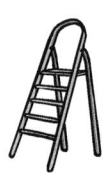

ladder

andha

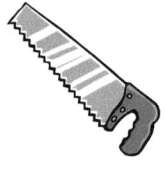

saw

graji

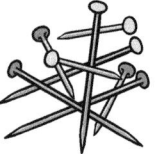

nails

paku

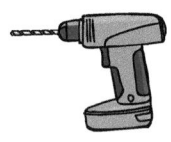

drill

bur

repair

ndandani

shovel

sekop

Damn!

Bajigur!

dustpan

serok

paint can

kaleng cat

screws

sekrup

musical instruments
alat musik

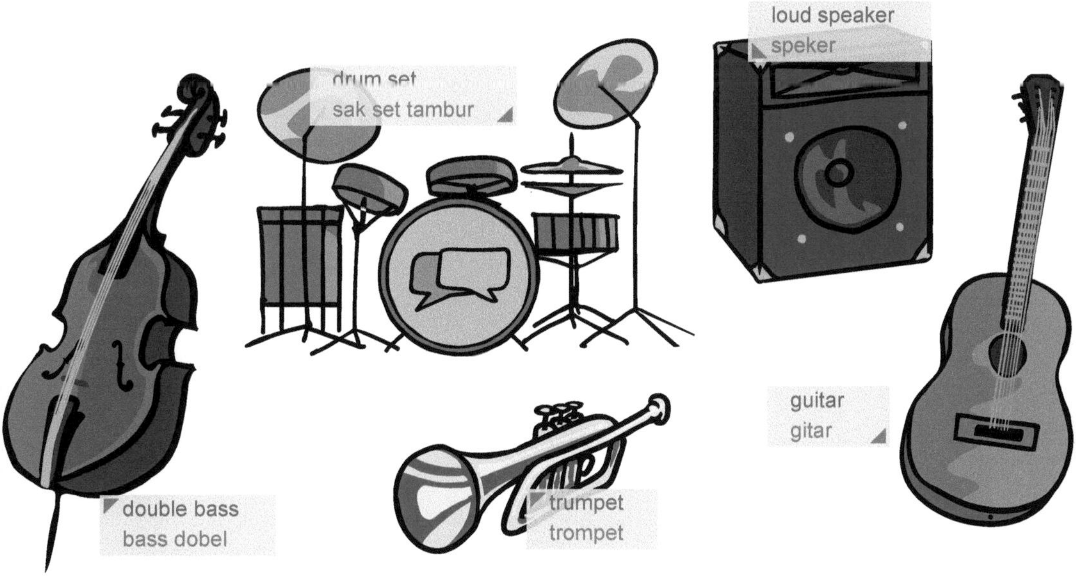

drum set
sak set tambur

loud speaker
speker

guitar
gitar

double bass
bass dobel

trumpet
trompet

piano

piano

violin

biola

bass

bass

timpani

timpani

drums

tambur

keyboard

keyboard

saxophone

saksofon

flute

suling

microphone

mikropon

ZOO
kebon kewan

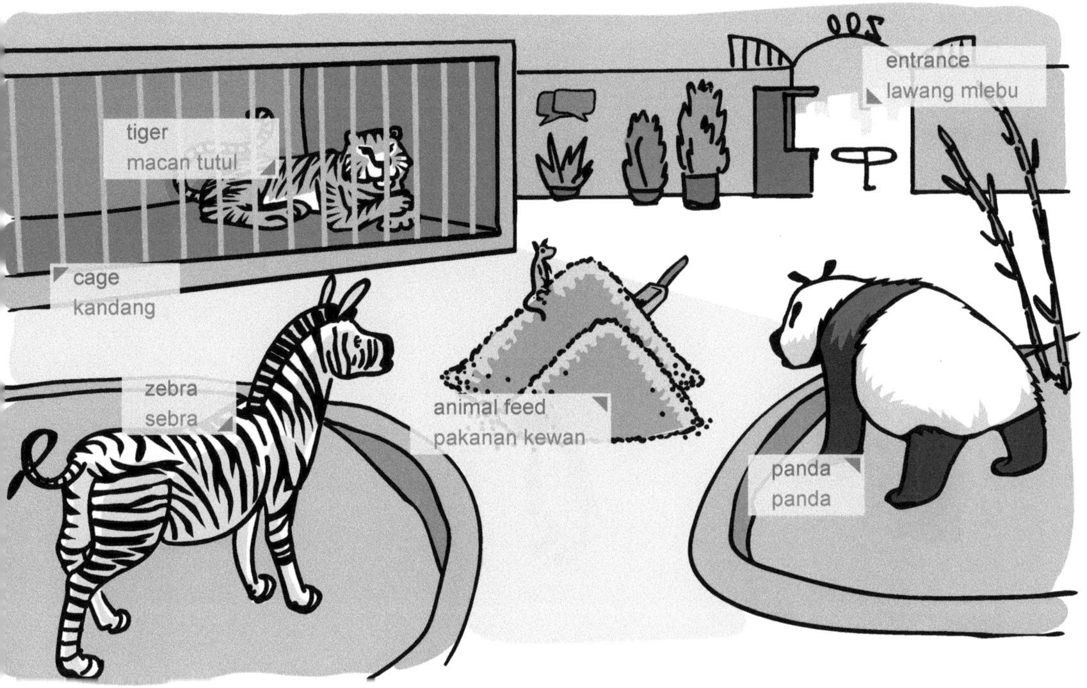

tiger
macan tutul
entrance
lawang mlebu
cage
kandang
zebra
sebra
animal feed
pakanan kewan
panda
panda

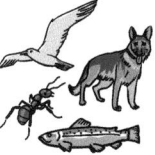

animals

kewan

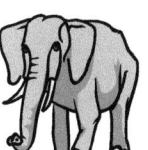

elephant

gajah

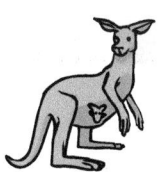

kangaroo

kanguru

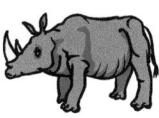

rhino

badak

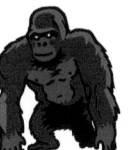

gorilla

gorila

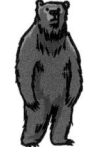

bear

beruang

camel

unta

ostrich

manuk unta

lion

singa

monkey

kethek

flamingo

flamingo

parrot

bethet

polar bear

beruang kutub

penguin

pinguin

shark

hiu

peacock

merak

snake

ula

crocodile

baya

zookeeper

juru kunci kebon kewan

seal

singa segara

jaguar

jaguar

pony

jaran poni

leopard

macan tutul

hippo

kuda nil

giraffe

jrapah

eagle

garudha

boar

celeng

fish

iwak

turtle

bulus

walrus

walrus

fox

rubah

gazelle

kidang

sports
olahraga

American football
bal-balan Amerika

cycling
sepedahan

tennis
tenis

basketball
basket

swimming
nglangi

boxing
tinju

ice hockey
hoki es

soccer
bal-balan

badminton
badminton

athletics
atletik

handball
bal tangan

skiing
ski

polo
polo

jump
mencolot

laugh
ngguyu

hug
ngrangkul

walk
mlaku

sing
nembang

dream
ngimpi

pray
ndonga

kiss
ngambung

write	draw	show
nulis	nggambar	nuduhake

push	give	take
mencet	menehi	njupuk

activities - kegiatan 63

have
duweni

do
nindakake

be
yaiku

stand
ngadek

run
mlayu

pull
narik

throw
nguncalake

fall
tiba

lie
ngapusi

wait
ngenteni

carry
nggawa

sit
lungguh

get dressed
klamben

sleep
turu

wake up
tangi

look at

ndheleng

cry

nangis

stroke

ngelus

comb

njungkati

talk

ngomong

understand

mangerteni

ask

takon

listen

ngrungoake

drink

ngombe

eat

mangan

tidy up

ngrapiake

love

nrisnani

cook

masak

drive

nyopir

fly

mabur

activities - kegiatan

sail

nglayar

calculate

itung

read

maca

learn

sinau

work

kerjo

marry

ngrabi

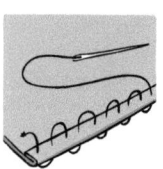

sew

njahit

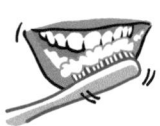

brush teeth

nyikat untu

kill

mateni

smoke

ngrokok

send

ngirim

grandmother
mbah putri

grandfather
mbah kakung

father
bapak

mother
ibu

baby
bayi

daughter
anak wedok

son
anak lanang

guest

tamu

aunt

bu lik

uncle

pak lik

brother

dulur lanang

sister

dulur wadon

body

awak

forehead
bathuk
eye
mripat
shoulder
pundhak
finger
driji
face
pasuryan
chin
janggut
hand
tangan
leg
sikil
breast
payudara
arm
lengen

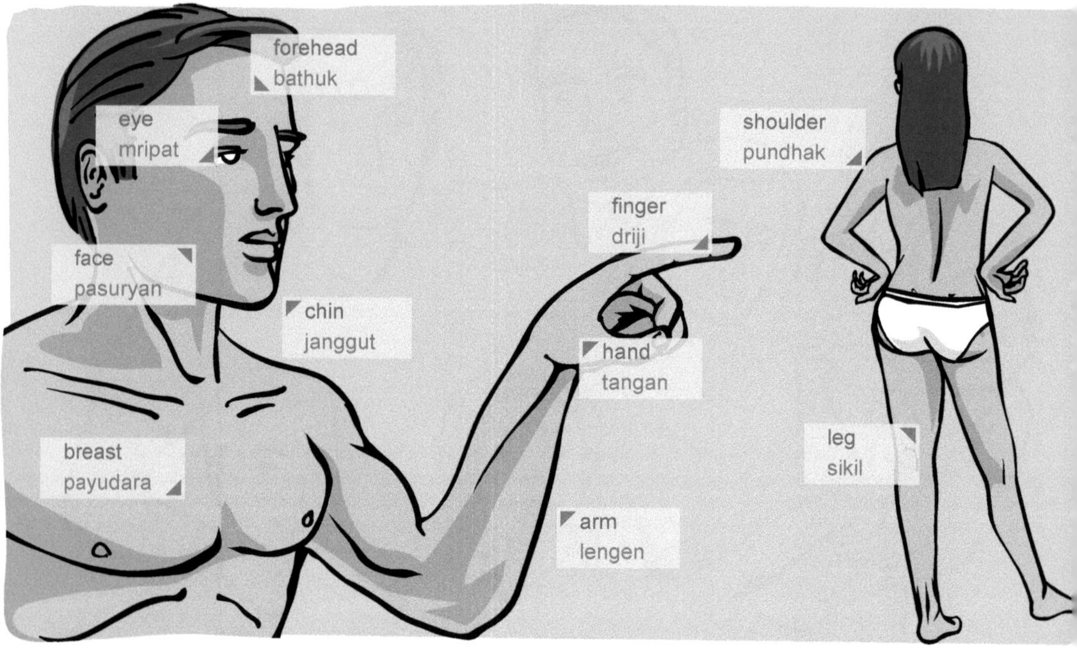

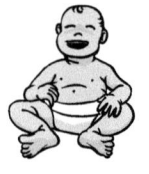

baby

bayi

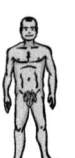

man

lanang

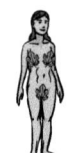

woman

wadon

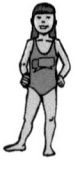

girl

bocah wadon

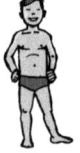

boy

bocah lanang

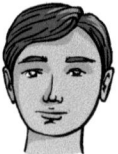

head

sirah

back

geger

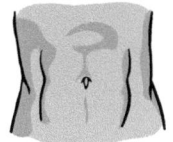

belly

weteng

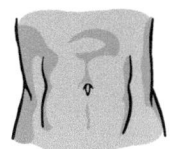

navel

puser

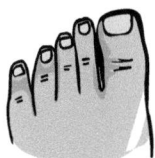

toe

driji sikil

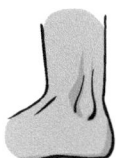

heel

tungkak

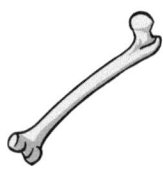

bone

balung

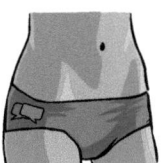

hip

panggul

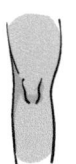

knee

dengkul

elbow

sikut

nose

irung

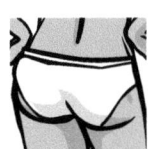

buttocks

bokong

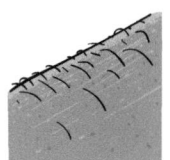

skin

kulit

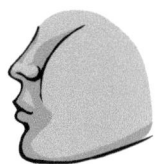

cheek

pipi

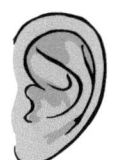

ear

kuping

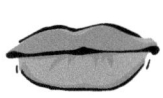

lip

lambe

mouth

lisan

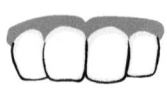

tooth

untu

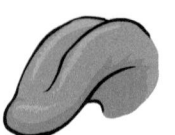

tongue

ilat

brain

uteg

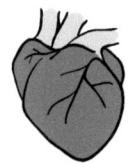

heart

jantung

muscle

otot

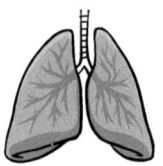

lung

paru

liver

ati

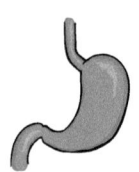

stomach

garba

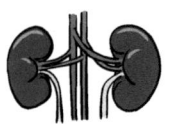

kidneys

ginjel

sex

sanggama

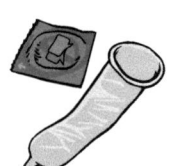

condom

kondom

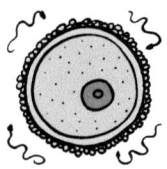

ovum

ovum

semen

mani

pregnancy

mbobot

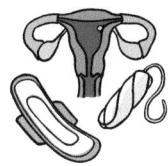

menstruation
....
haid

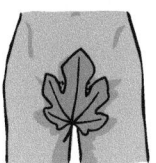

vagina
....
vagina

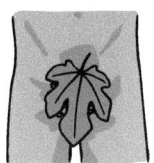

penis
....
zakar

eyebrow
....
alis

hair
....
rambut

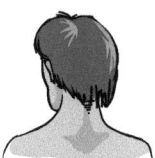

neck
....
gulu

hospital

griya sakit

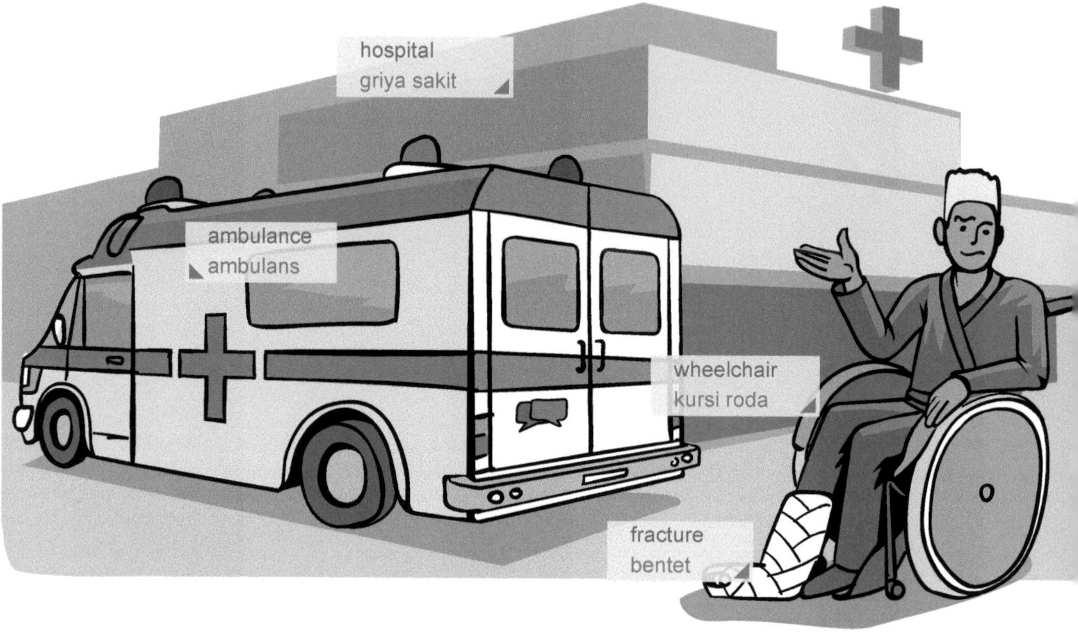

hospital
griya sakit
ambulance
ambulans
wheelchair
kursi roda
fracture
bentet

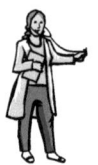

doctor

dokter

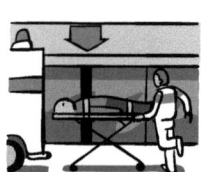

emergency room

kamar gawat darurat

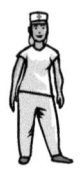

nurse

perawat

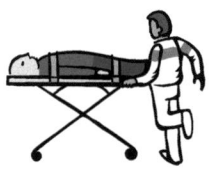

emergency

dharurat

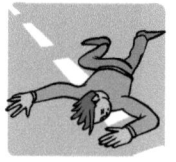

unconscious

ora sadar

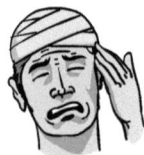

pain

linu

injury

tatu

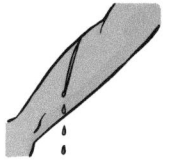

bleeding

getihen

heart attack

serangan jantung

stroke

setruk

allergy

alergi

cough

watuk

fever

ngelu

flu

pilek

diarrhea

diare

headache

mumet

cancer

kanker

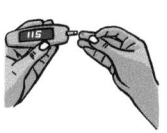

diabetes

diabetes

surgeon

ahli bedah

scalpel

lading bedah

operation

operasi

CT

CT

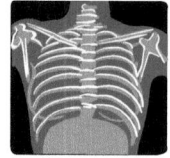

x-ray

sinar x

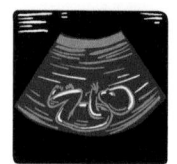

ultrasound

USG

face mask

masker

disease

penyakit

waiting room

kamar nunggu

crutch

pitulung

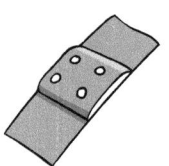

plaster

perban

bandage

perban

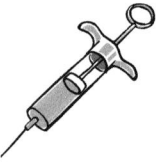

injection

suntik

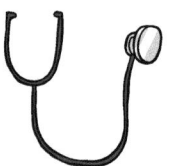

stethoscope

stetoskop

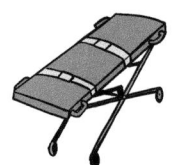

stretcher

tandu

clinical thermometer

termometer klinik

birth

lair

overweight

kalemon

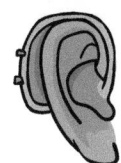

hearing aid

alat bantu dengar

disinfectant

disinfektan

infection

infeksi

virus

virus

HIV / AIDS

HIV/AIDS

medicine

obat

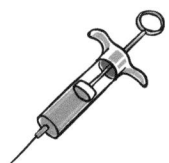

vaccination

vaksinasi

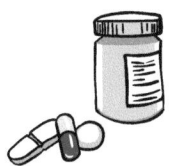

tablets

tablet

pill

pil

emergency call

nomer telpon darurat

blood pressure monitor

ngukur tensi getih

ill / healthy

lara / waras

Help!

Tulung!

alarm

alarem

assault

sergap

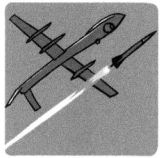

attack

serangan

danger

bebaya

emergency exit

lawang metu dharurat

Fire!

Kobongan!

fire extinguisher

alat mateni geni

accident

kacilakan

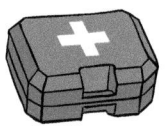

first-aid kit

pitulungan wiwitan

SOS

SOS

police

polisi

Europe

Eropa

North America

Amerika Lor

South America

Amerika Kidul

Africa

Afrika

Asia

Asia

Australia

Australia

Atlantic

Atlantik

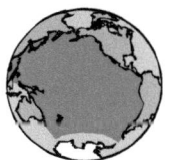

Pacific

Pasifik

Indian Ocean

Samudra Hindia

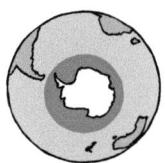

Antarctic Ocean

Samudra Antartika

Arctic Ocean

Samudra Arktik

North pole

Kutub Lor

South pole

Kutup Kidul

Antarctica

Antarktika

earth

bumi

land

daratan

sea

segara

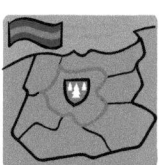

island

pulau

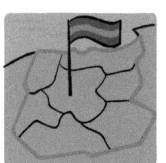

nation

bangsa

state

negara

clock face

layar jam

hour hand

dom jam

minute hand

dom menit

second hand

dom detik

What time is it?

Jam piro saiki?

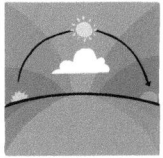

day

dina

time

wektu

now

saiki

digital watch

jam digital

minute

menit

hour

jam

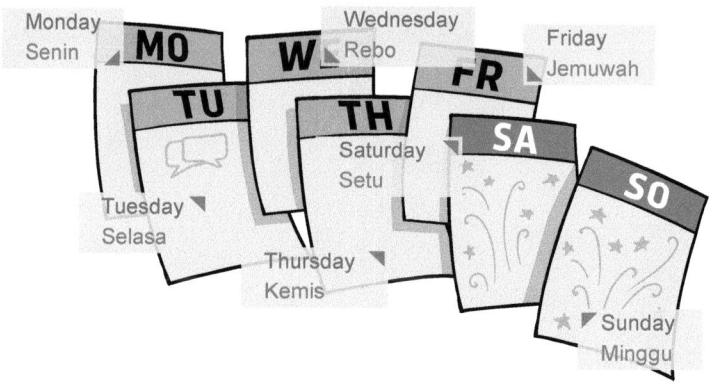

Monday / Senin — MO
Wednesday / Rebo — W
Friday / Jemuwah — FR
Tuesday / Selasa — TU
Thursday / Kemis — TH
Saturday / Setu — SA
Sunday / Minggu — SO

yesterday
wingi

today
saiki

tomorrow
sesuk

morning
esuk

noon
awan

evening
bengi

workdays
dina kerja

weekend
akhir minggu

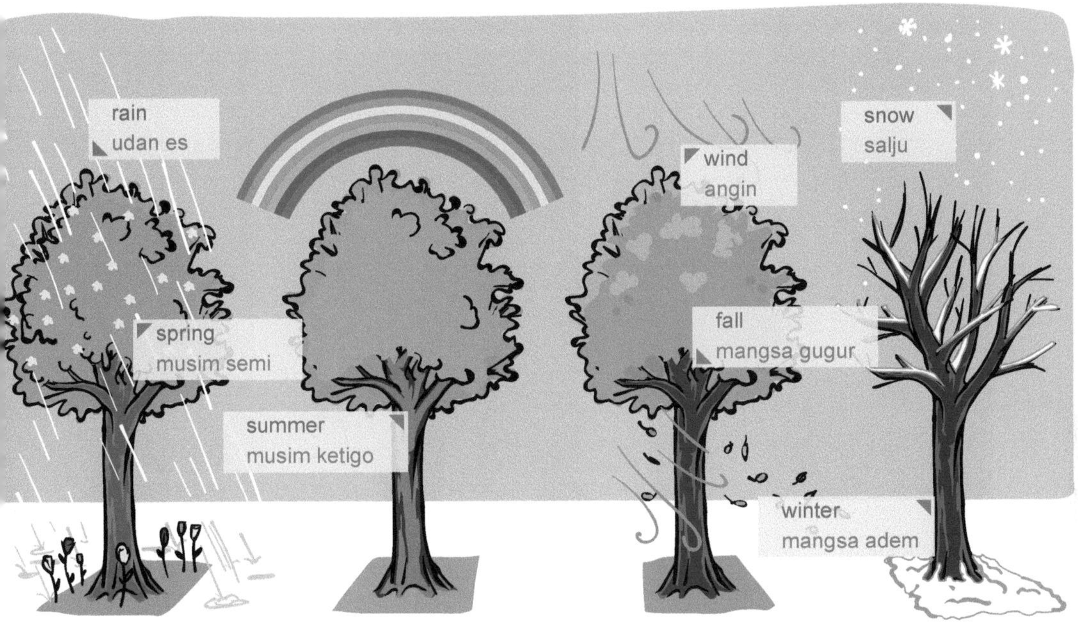

rain
udan es
spring
musim semi
summer
musim ketigo
wind
angin
fall
mangsa gugur
snow
salju
winter
mangsa adem

4.APRIL 11°
5.APRIL 4°
6.APRIL 13°
7.APRIL 8°
8.APRIL 10°

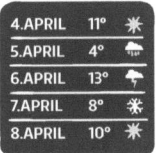

weather forecast
ramalan cuaca

F C
120 90 60 30 0 -30
40 30 20 10 0 -10 -20

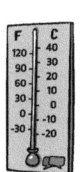

thermometer
termometer

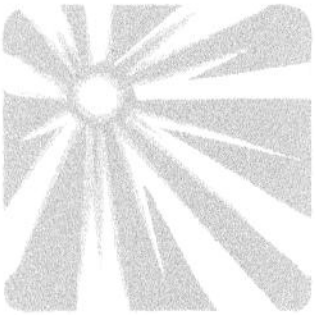

sunshine
srengenge

cloud
mendhung

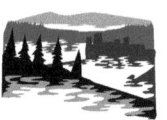

fog
kabut

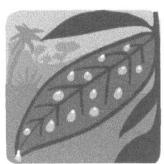

humidity
kelembapan

lightning

kilat

thunder

bledheg

storm

badai

hail

udan es

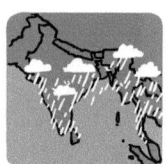

monsoon

muson

flood

banjir

ice

es

January

Januari

February

Februari

March

Maret

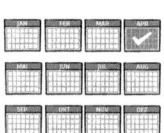

April

April

May

Mei

June

Juni

July

Juli

August

Agustus

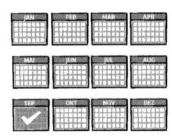

September
September

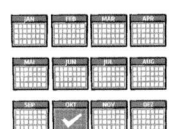

October
Oktober

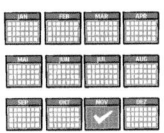

November
Nopember

December
Desember

circle
bunder

square
kuadrat

rectangle
segi papat

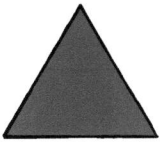

triangle
segi telu

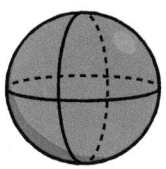

sphere
bal

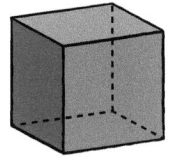

cube
kubus

white
putih

yellow
kuning

orange
oranye

pink
jambon

red
abang

purple
ungu

blue
biru

green
ijo

brown
coklat

gray
abu-abu

black
ireng

a lot / a little
....
akeh / sithik

angry / calm
....
nesu / kalem

beautiful / ugly
....
ayu / elek

beginning / end
....
pawitan / pungkasan

big / small
....
gede / cilik

bright / dark
....
padhang / peteng

brother / sister
....
sedulur lanang / sedulur
wadon

clean / dirty
....
resik / reged

complete / incomplete
....
pepak / ora pepak

day / night
....
awan / bengi

dead / alive
....
mati / urip

wide / narrow
....
jembar / sempit

edible / inedible

iso dipangan / ora iso dipangan

evil / kind

ala / becik

excited / bored

seneng / bosen

fat / thin

lemu / kuru

first / last

pisanan / pungkasan

friend / enemy

kanca / musuh

full / empty

kebak / kosong

hard / soft

atos / empuk

heavy / light

abot / enteng

hunger / thirst

luwe / wareg

ill / healthy

lara / waras

illegal / legal

illegal / legal

intelligent / stupid

pinter / bodo

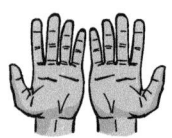

left / right

kiwa / tengen

near / far

cedhak / adoh

new / used

anyar / lawas

nothing / something

ora ana / ana

old / young

tuwa / enom

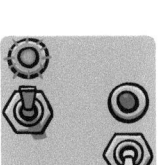

on / off

urip / mati

open / closed

buka / tutup

quiet / loud

anteng / rame

rich / poor

sugeh / mlarat

right / wrong

bener / salah

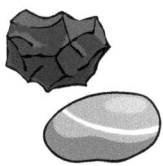

rough / smooth

kasar / alus

sad / happy

susah / seneng

short / long

cendhak / dawa

slow / fast

alon / banter

wet / dry

teles / garing

warm / cool

anget / adem

war / peace

perang / tentrem

opposites - kontras

0	**1**	**2**
zero	one	two
nol	siji	loro
3	**4**	**5**
three	four	five
telu	papat	limo
6	**7**	**8**
six	seven	eight
enem	pitu	wolu
9	**10**	**11**
nine	ten	eleven
songo	sepuluh	sewelas

12

twelve

rolas

13

thirteen

telulas

14

fourteen

patbelas

15

fifteen

limolas

16

sixteen

nembelas

17

seventeen

pitulas

18

eighteen

wolulas

19

nineteen

songolas

20

twenty

rong puluh

100

hundred

satus

1.000

thousand

sewu

1.000.000

million

sak yuto

languages
basa-basa

English
basa Inggris

American English
basa Inggris Amerika

Chinese Mandarin
basa Cina Mandarin

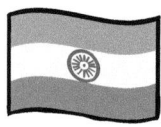

Hindi
basa Hindi

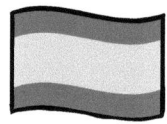

Spanish
basa Spanyol

French
basa Prancis

Arabic
basa Arab

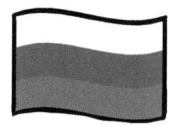

Russian
basa Rusia

Portuguese
basa Portugis

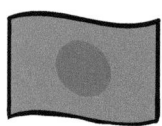

Bengali
basa Bengali

German
basa Jerman

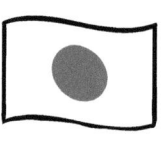

Japanese
basa Jepang

I

aku

you

kowe

he / she / it

dheweke

we

kita

you

kowe kabeh

they

dheweke kabeh

who?

sapa?

what?

apa?

how?

piye?

where?

neng endi?

when?

kapan?

name

jeneng

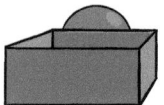

behind

mburi

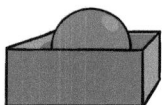

in

ing jero

in front of

ing ngarep

over

ing dhuwure

on

ing

under

ing ngisore

beside

sisih

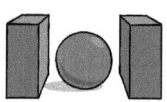

between

antarane

place

panggonan